Crapauds et Grenouilles

Nos Vacances chez l'Oncle Charles

Crapauds et Grenouilles

PAR

CH. de RAMPAN

11 Dessins de L. Fillol

PARIS
LIBRAIRIE C. REINWALD
SCHLEICHER FRÈRES, ÉDITEURS
61, Rue des Saints-Pères, 61

Nos Vacances chez l'oncle Charles

AVANT-PROPOS

Quelle joie nous éprouvions chaque année, mon frère et moi, à passer une partie de nos vacances chez l'oncle Charles, dans la belle propriété qu'il avait aux environs de Nancy.

Que de courses folles dans l'immense parc aux grands arbres, aux fourrés épais ; que de bonnes parties sur le grand étang, dont la surface toujours unie reflétait la façade de l'antique manoir où notre oncle s'était retiré.

Après une glorieuse carrière de professeur de sciences, pendant laquelle il avait dévoilé les secrets de la nature à de nombreux disciples, il avait choisi ce coin délicieux pour y terminer ses jours. Là, dans le calme, il pouvait continuer ses études, ses expériences, ses observations et rédiger les importants ouvrages scientifiques qui ont consacré sa gloire.

Dès le matin, nous nous rendions soit au parc, soit dans la grande salle transformée en laboratoire et nous étions toujours certains de le trouver, inspectant ses bocaux, ses éprouvettes, ses cornues, ou rangeant ses curieuses collections d'histoire naturelle..

Que d'animaux empaillés, que de plantes desséchées et soigneusement classées, que de minéraux bien étiquetés. Les jours de pluie, nous passions des heures entières devant ses vitrines à écouter ses explications.

Que de choses avons-nous apprises ainsi, en suivant ce bon vieillard ! Chaque jour, au hasard de nos questions, nous augmentions notre petit bagage scientifique et ces leçons nous sont toujours fidèlement restées : nous avons tout retenu et, maintes fois, nous avons été bien heureux d'avoir appris, car ces enseignements nous ont permis par la suite, de comprendre bien des faits, bien des bizarreries, bien des problèmes de la nature.

A vous, petits camarades, permettez-nous de léguer quelques-uns de ces trésors. Nous vous les transmettrons de la même façon que nous les avons reçus, c'est-à-dire simplement, clairement, afin que vous en tiriez tout le profit possible, comme nous l'avons fait nous-mêmes.

Nous vous ferons assister aux visites du laboratoire: vous nous accompagnerez dans les promenades faites dans le grand parc. Notre oncle aimait parcourir sa propriété tôt le matin et surtout vers la chute du jour, heures propices aux observations.

Ce soir, le soleil est sur le point de disparaître à l'horizon, suivez notre oncle dans le parc.

Crapauds et Grenouilles

— Je comprends, mes enfants, la répulsion que vous avez pour l'animal que nous venons de rencontrer et que je vous ai empêché de tuer. Moi-même, malgré la grande habitude que j'ai de manier ces pauvres bêtes, dans mon laboratoire, je n'ai pu encore surmonter la sensation désagréable, presque l'horreur, que je ressens à la vue d'un malheureux crapaud.

Il faut pourtant que vous appreniez à connaître cette bête hideuse qui, le soir, se traîne sans bruit dans le jardin, sortant de quelque trou ou de dessous une pierre, car cette bête est l'une des plus utiles que je connaisse : je vais essayer, sinon de vous la faire aimer, tout au moins de vous expliquer pourquoi il ne faut pas la détruire.

Vous savez, n'est-ce pas, la peine qu'éprouve notre vieux jardinier François, à la vue d'un beau pied de géranium, de réséda ou d'une simple salade, rongés et déchiquetés par les petites limaces grises ou noires, qu'il est si difficile de capturer ? Vous savez les méfaits que commettent dans nos plates-bandes les vers de terre, les pucerons, et certains insectes. Eh bien, j'ai constaté en disséquant quelques crapauds — à regret, je dois le dire — que la nourriture de ce batracien se composait uniquement de limaces, de vers et d'insectes.

Premier point qu'il vous faut bien retenir, mes enfants : le crapaud détruit les limaces, vers et insectes nuisibles à nos champs et à nos jardins.

N'a-t-on pas été jusqu'à dire que ce pauvre animal lançait du venin, que sa morsure était dangereuse, qu'il allait la nuit, dans les étables, sucer le lait des vaches et des chèvres ? Que d'erreurs et de calomnies !

Non, le crapaud ne peut lancer du venin; tout au plus, quand on l'agace, répand-il un liquide clair comme de l'eau : la grenouille fait de même et personne ne songe à le lui reprocher. D'autre part, comment pourrait-il mordre, puisqu'il ne possède pas une seule dent. Les mâchoires étant simplement recouvertes d'une peau molle, faiblement cornée, ne lui permettraient pas de se suspendre aux pis des vaches ou des chèvres, comme on l'a prétendu. Toutefois la peau du crapaud est couverte de nombreuses glandes qui sécrètent un liquide muqueux : ce liquide serait venimeux si l'animal pouvait, par piqûre ou morsure, l'inoculer à son ennemi, ce qui, nous venons de le voir, ne lui est pas possible.

Mais tenez, voici notre gaillard qui revient vers nous. Ne l'effrayons pas et

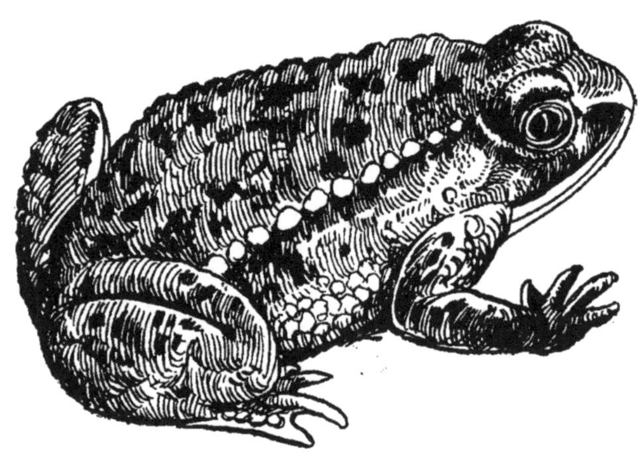

Le crapaud.

suivons-le dans ses pérégrinations, avant la chute complète du jour.

Regardez comme il se traîne plutôt qu'il ne saute — ses quatre membres assez courts l'empêchent en effet de bien sauter : — le voilà sur le point de franchir une pierre ; voyez comme il aborde ce petit obstacle, il rampe et marche, se hisse péniblement, tend ses jarrets l'un après l'autre... il est arrivé : un instant de repos et hop, le voilà qui reprend sa promenade.

Je dis sa promenade, c'est plutôt sa chasse, car en ce moment, il est en quête d'un dîner, et toute la nuit il va chercher sa nourriture, soit le long des bordures de buis qui offrent tant de cachettes aux insectes, soit sous les géraniums : puis il ira, comme un vieux propriétaire, faire le tour du potager, sans bruit, sans précipitation, et partout il récoltera de quoi manger.

Quand le jour viendra il ira se tapir sous une pierre et attendra, si personne ne le dérange, que le soleil ait disparu de nouveau.

— Mais, oncle Charles, comment fait-il

pour se nourrir en hiver, alors qu'il n'y a plus rien dans le jardin, plus de fleurs, plus de légumes et, par suite, plus de limaces, ni d'insectes.

— En hiver, mes enfants, sitôt les premiers froids venus, vous ne voyez plus de crapauds. Cet étrange animal, qui se nourrit abondamment et presque sans mesure pendant la belle saison, ira tout simplement se cacher, se terrer dans un trou, et il ne bougera plus. N'ayant rien à manger, il passera presqu'à l'état de momie et il supportera ce jeûne avec la plus grande facilité.

On dit que le crapaud vit très longtemps. Cela est vrai : voici du reste quelques détails qui vous intéresseront certainement.

Le crapaud vit sur la terre la plus grande partie de l'année : ses pattes postérieures sont à peine palmées. Il ne fréquente les mares et les étangs qu'au printemps. C'est là que la femelle dépose ses œufs qui sont collés les uns aux autres et forment un cordon ou chapelet très long, entouré d'une sorte de membrane épaisse : cette membrane se durcit

Transformations de la grenouille
(œuf, têtard, grenouille,)

au point de ressembler à une masse de caoutchouc.

Les œufs sont pondus dans l'eau ou dans l'argile humide et se développent à peu près comme les œufs des poissons. Vers la fin d'avril, il en sort de petits animaux, privés de membres, munis d'une queue aplatie qui leur sert de rame. Ces petits êtres, qu'on appelle des tétards, sont remarquables par la grosseur disproportionnée de leur tête. Ils vivent dans l'eau comme des poissons, respirent, comme eux, par des branchies et se nourrissent des végétaux microscopiques qu'ils trouvent dans la vase.

Vous avez certainement vu ces petits points noirs, au bord des étangs, qui, tout-à-coup, plongent rapidement à l'aide de leur queue si mobile. Eh bien, ce sont les tétards.

Ce n'est que vers la fin du mois de juin, que l'on voit apparaître les quatre pattes, celles de derrière avant les autres. C'est alors que tous les organes se transforment : la bouche, qui était petite et entourée d'un cercle corné, devient très grande et se garnit de mâchoires osseuses ; les intestins, très longs et pelotonnés dans le tétard, se raccourcissent ; les végétaux dont ce dernier faisait sa nourriture sont remplacés par des vers ou par des insectes ; les branchies disparaissent pour laisser aux poumons seuls le soin de la respiration ; la queue, après avoir persisté pendant quelque temps, s'atrophie et disparaît à son tour ; bref le tétard devient crapaud et on le classe alors parmi les batraciens *anoures*, c'est-à-dire parmi ceux qui n'ont pas de queue lorsqu'ils ont achevé leur développement.

Il lui faudra attendre encore cinq ans environ avant d'être crapaud adulte et pendant ces longues années, il aura à éviter les serpents, les poissons, les oiseaux aquatiques, puis l'homme qui en détruit, bien à tort, de grandes quantités : il devrait, au contraire, protéger cette pauvre bête qui rend tant de services à l'agriculture. Nous ne devrions pas détruire un être qui n'a d'autres défauts que celui de nous déplaire.

Je suis persuadé, mes enfants, que vous vous souviendrez toujours de mes recommandations.

L'aspect des grenouilles est bien autrement agréable. Leur peau, il est vrai, est lisse et n'est pas, comme chez les crapauds, couverte de granulations et de tubercules.

Vous en verrez demain matin au bord de l'étang, car elles aiment l'eau et le soleil. Vous remarquerez les bonds étonnants qu'elles feront à votre approche et leur agilité à piquer une tête : c'est qu'elles ont les pattes postérieures très longues et terminées par cinq doigts réunis par une membrane natatoire, translucide.

La belle grenouille verte à ventre à peu près blanc, se tient presque toujours dans l'eau : c'est cette espèce, dont on entend, par les belles nuits d'été, les continuels coassements : vous avez déjà

La grenouille verte.

assisté à ces concerts de voix sonores et monotones.

La grenouille rousse, un peu plus grosse

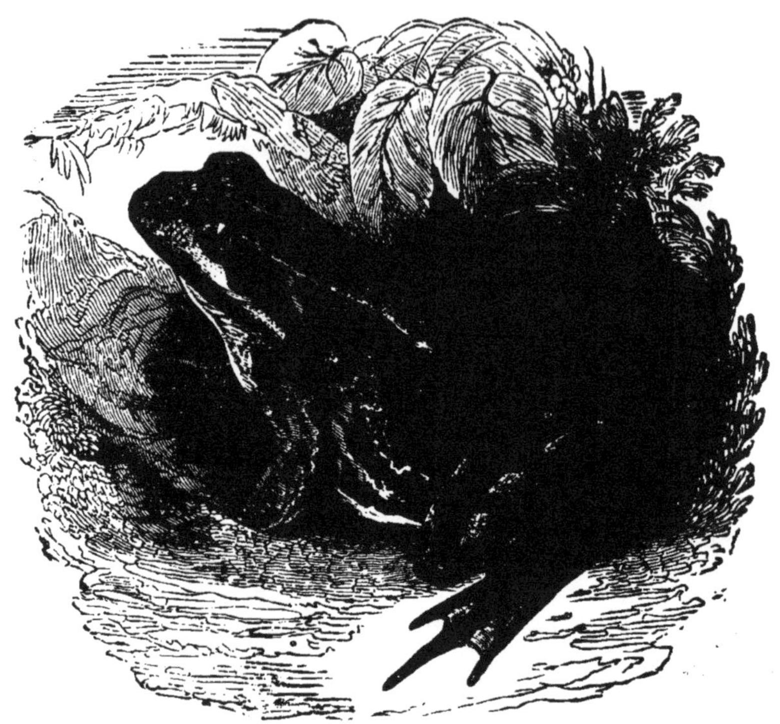

La grenouille rousse.

que la verte, a des habitudes plus terrestres : c'est elle que l'on capture pour la manger et beaucoup de personnes aiment voir, sur leur table, des brochettes de ces pauvres batraciens, aux pattes si longues et si fines.

Et les jolies rainettes, petites et d'un

Les rainettes grimpent sur les roseaux pour attraper les moucherons et les insectes...

si beau vert ! Vous remarquerez leurs doigts terminés par de petites boules

Les batraciens anoures n'ont pas de côtes.
(Ombre d'une grenouille sur l'écran fluorescent.)

ou ventouses qui leur permettent de se fixer aux corps les plus lisses. Il n'est pas rare de les voir grimper sur les petits arbustes et sur les roseaux d'où elles happent les moucherons et insectes qui voltigent autour d'elles. Examinez-les de près, pour voir leur façon de respirer : comme les batraciens anoures n'ont pas de côtes, ils respirent comme les tortues en avalant l'air par petites gorgées ; c'est ce qui explique le mouvement rapide et continuel qu'on aperçoit sous leur cou. Les narines s'ouvrent au dehors par deux orifices distincts : quant aux yeux, ils sont plus ou moins saillants au gré de l'animal : la paupière supérieure ne bouge presque pas : c'est la paupière inférieure qui, en s'élevant, protège l'œil.

Le vieux père François a placé quelques-unes de ces jolies bêtes dans un bocal muni d'une petite échelle : il sera très fier de vous les montrer demain. C'est, dit-il, son baromètre, car elles

Le baromètre vivant.

plongent dans l'eau quand il pleut et se tiennent sur leur échelle ou contre les parois du vase, lorsque le temps est beau. A mon avis, il ne doit pas être renseigné longtemps à l'avance sur les changements de temps, et un simple coup d'œil à la fenêtre, lui donnerait le même résultat. Mais il adore ses rainettes, et semble, en les soignant bien, vouloir reporter sur elles l'affection qu'il

Patte de devant du mâle : quatre doigts, dont le plus interne montre un renflement qui permet de distinguer le mâle de la femelle.

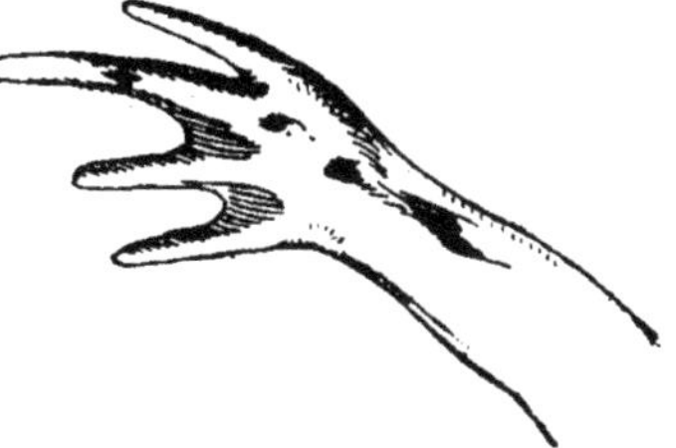

Patte de devant de la femelle : les quatre doigts sont effilés sans renflement du doigt le plus interne.

n'ose encore donner à son meilleur aide, le crapaud.

Retenez encore ce détail : c'est en examinant les membres antérieurs que l'on peut distinguer le mâle de la femelle. Les batraciens n'ont que quatre doigts aux pattes de devant et, chez le mâle, le doigt le plus interne, porte un renflement à la base, alors que chez la femelle, ce doigt est aussi effilé que les trois autres. Il y a donc, en quelque sorte, chez le mâle, un pouce atrophié.

Les pattes postérieures ont cinq doigts réunis par une membrane natatoire.

Mais pendant que nous sommes là à bavarder, notre crapaud a disparu : il n'a pas de temps à perdre, lui. Je gagerai qu'il visite le potager en ce moment : laissons-le à son travail, il fait, soyez-en assurés, de la bonne besogne.

Demain, nous nous lèverons de bonne heure pour continuer nos observations dans le parc : nous commencerons par visiter une superbe araignée, que je nourris depuis quelque temps et que je ne me lasse pas de regarder pendant des heures entières. Puis nous verrons le rucher, les fourmilières : vous n'aurez pas, pendant vos vacances, le temps de vous ennuyer.

Imp. L. Bellenand. Fontenay-aux-Roses (Seine).

Araignées et Scorpions

www.ingramcontent.com/pod-product-compliance
Ingram Content Group UK Ltd.
Pitfield, Milton Keynes, MK11 3LW, UK
UKHW021038260726
13994UKWH00005B/2234

9 782329 373997